SPANISH VOCABULARY BUILDER

Jeremy Munday
Harriette Lanzer
Anna Lise Gordon

D1147461

OXFORD
UNIVERSITY PRESS

OXFORD
UNIVERSITY PRESS

Great Clarendon Street, Oxford OX2 6DP

Oxford University Press is a department of the University of Oxford.
It furthers the University's objective of excellence in research, scholarship,
and education by publishing worldwide in

Oxford New York
Auckland Bangkok Buenos Aires Cape Town Chennai
Dar es Salaam Delhi Hong Kong Istanbul Karachi Kolkata
Kuala Lumpur Madrid Melbourne Mexico City Mumbai Nairobi
São Paulo Shanghai Taipei Tokyo Toronto

Oxford and Oxford English are registered trade marks of
Oxford University Press in the UK and in certain other countries

Acknowledgements

The illustrations are by Heinz Keller, and the map by Technical Graphics Department, OUP.

Designed and typeset by Mike Brain Graphic Design Limited, Oxford

Printed in Great Britain by Athenaeum Press Ltd., Gateshead

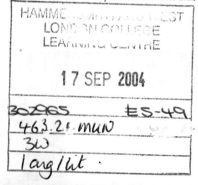

Introduction

Vocabulary is the key to successful language learning – if you don't know the words, then you can't say anything!

As you make progress in Spanish, you will need to use more and more words. Learning and remembering those words might seem like a never-ending task, but if you spend a little time learning new words on a regular basis, you will soon see great results.

This *Spanish Vocabulary Builder* is divided into 22 units, each covering a different topic area. Each unit helps you learn the relevant vocabulary by:
● providing the words you need to know
● suggesting tips to help you learn that vocabulary (*¡Punto práctico!*)
● giving you activities to practise what you've learned (*Juego de palabras*).
Some units also have a mini-cartoon strip where you can practise set phrases.

Within each unit, the vocabulary has been grouped together into sub-sections. You can use the list of contents on pages 6–7 to help you find the section you want to learn.

There are lots of different ways of learning vocabulary and it is important that you discover the methods which suit you best.

¡Punto práctico!
Do you do all your written homework first and leave your vocabulary learning till last? It's probably a good idea to learn your vocabulary first while you're still fresh. Then you can quickly test yourself again when your other homework is finished. If you spend five minutes a day learning vocabulary you could learn as many as 2,000 new words in a year!

When you come across new words, write them down in your vocabulary book – you could write them in alphabetical order or in colour-coded lists of *el* and *la* words or maybe it's easier if you write them in a word web like this:

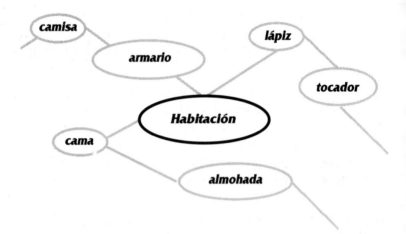

Don't be daunted by how many words there are to learn – concentrate on a small section at a time, learn and practise the vocabulary and when you feel confident with it, move on to another section . . .

Treat vocabulary learning as a priority and watch your Spanish vocabulary increase week by week!

Here are a few ideas for you to try out:

¡Punto práctico!

You don't always have to learn vocabulary on your own! Learn it with a friend and make a game out of it. You each look at a list of words for five minutes. Then you close your books and see who can remember the most words from the list.

¡Punto práctico!

Carry your vocabulary book around with you wherever you go. You might suddenly have five minutes spare to learn some words – i.e. when the bus is late, the film's boring, you've finished your magazine, etc!

¡Punto práctico!

Record the English and Spanish words from a section of this book on to a cassette. Leave a pause after each English word. You can then play the cassette and say the Spanish word in the pause. As you learn other sections, add them to your cassette. Keep the cassette and listen to it again a few days later, and then a few days after that. If you've got a walkman, you can test yourself on vocabulary wherever you go!

Contents

1

Classroom language

●●● *Look at page 38 for ways of saying hello and goodbye in class.*

asking for help

¿Cómo se dice «computer» en español?	How do you say 'computer' in Spanish?
¿Qué significa «pronto» en inglés?	What does 'pronto' mean in English?
¿Cómo se escribe eso?	How do you write that?
¿Puede usted deletrearlo?	Can you spell that?
¿Por favor, me puede ayudar?	Can you help me, please?
¿Cómo se pronuncia esta palabra/frase?	How do you pronounce this word/sentence?
¿Puedo usar el diccionario?	Can I use a dictionary?

asking about the work

¿Cómo se hace esta actividad?	How do you do this activity?
¿Cuál es la respuesta correcta?	What's the right answer?
¿Está esto bien?	Is this right?
✕ ¿Qué nota he sacado?	What mark have I got?

problems

Tengo un problema.	I've got a problem.
No tengo pareja.	I haven't got a partner.
He perdido mi cuaderno.	I've lost my exercise book.
Me he dejado el cuaderno en casa.	I've forgotten my exercise book.
¿Cómo?	Pardon?
No entiendo.	I don't understand.
No sé.	I don't know.
No estoy seguro.	I'm not sure.
Por favor, repítalo.	Can you repeat that, please?
Por favor, hable más despacio.	Please speak more slowly.
Por favor, ¿me puede explicar esto?	Can you explain this, please?

asking for permission

¿Puedo abrir la ventana?	Can I open the window?
¿Puedo ir al baño?	Can I go to the toilet?
¿Me puede prestar un bolígrafo?	Can you lend me a pen?

apologizing

Perdón.	Sorry.
Siento llegar tarde.	I'm sorry I'm late.
Lo siento, pero no he hecho los deberes.	I'm sorry, but I haven't done the homework.

talking to a partner

¡Empieza tú!	You start.
¡Para!	Stop!
✗ ¿A quién le toca?	Whose turn is it?
Me toca a mí.	It's my turn.
Te toca a ti.	It's your turn.
¡Muy bien!	Well done!
No importa.	It doesn't matter.
✗ ¡No hagas trampa!	Don't cheat.

Dame el libro.	Pass me the book.
¿Qué página?	Which page?
¿Qué hacemos ahora?	What shall we do now?

giving your opinion

¿Estás de acuerdo?	Do you agree?
¿Qué opinas de eso?	What do you think about that?
No estoy de acuerdo con eso.	I don't agree with that.
Me parece bien/mal.	I think that's fine/bad.
Creo que...	I think (that)...
en absoluto	not at all

JUEGO DE PALABRAS

What do you say to your teacher? In Spanish, of course!

a *You've forgotten your exercise book.*
b *You don't know what the word 'papelera' means.*
c *You're late.*
d *Your teacher is speaking too quickly.*
e *You want to go to the toilet.*
f *It's very hot in the classroom.*

2

Numbers, dates and times

los números	numbers
cero	0
uno	1
dos	2
tres	3
cuatro	4
cinco	5
seis	6
siete	7
ocho	8
nueve	9
diez	10
once	11
doce	12
trece	13
catorce	14
quince	15
dieciséis	16
diecisiete	17
dieciocho	18
diecinueve	19
veinte	20
veintiuno	21
veintidós	22
treinta	30
treinta y uno	31
treinta y dos	32

cuarenta	40
cincuenta	50
sesenta	60
setenta	70
ochenta	80
noventa	90
cien	100
ciento uno	101
doscientos	200
trescientos	300
cuatrocientos	400
quinientos	500
seiscientos	600
setecientos	700
ochocientos	800
novecientos	900
mil	1000
un millón	1000.000
mil millones	1000.000.000
un billón	1000.000.000.000

¡Punto práctico!
Whenever you see a number on a road sign, bus, car number plate, etc, say the number to yourself in Spanish. If you are with a friend, see who can say the number first!

los días de la semana	**days of the week**
lunes	Monday
martes	Tuesday
miércoles	Wednesday
jueves	Thursday
viernes	Friday
sábado	Saturday
domingo	Sunday

siete días/la semana	week
quince días/dos semanas	fortnight

los meses

	months
enero	January
febrero	February
marzo	March
abril	April
mayo	May
junio	June
julio	July
agosto	August
septiembre	September
octubre	October
noviembre	November
diciembre	December

a principios de mayo	at the beginning of May
a mediados de abril	in the middle of April
a finales de junio	at the end of June

las estaciones del año

	seasons
la primavera	spring
el verano	summer
el otoño	autumn
el invierno	winter

en primavera	in spring
durante el verano	during the summer

las fechas

	dates
el uno/primero de abril	the 1st of April
el dos de abril	the 2nd of April
el once de mayo de mil novecientos noventa y cinco	(on) the 11th of May 1995

¿A cuánto estamos?	What's the date?
Estamos a quince de marzo.	It's the 15th of March.
en mil novecientos noventa y tres	in 1993

las fiestas del año / holidays and festivals

Noche Vieja	New Year's Eve
el día del Año Nuevo	New Year's Day
el día de Reyes	Epiphany (6 January)
en Carnaval	at February carnival time
Viernes Santo	Good Friday
el Domingo de Resurrección	Easter Sunday
Semana Santa	Easter
Noche Buena	Christmas Eve
el día de Navidad	Christmas Day
la Navidad	Christmas
el día de los inocentes	28 December (similar to April Fool's Day)
el árbol de Navidad	Christmas tree
el regalo (para/de)	present (for/from)
Papá Noel	Father Christmas
el día libre	day off
los días laborables	working days
El lunes es fiesta.	Monday is a holiday.
Tenemos puente.	We've got a long weekend.

¿cuándo? / when?

ahora (mismo)	(right) now
hoy	today
ayer	yesterday
anoche	last night
ayer por la tarde	yesterday afternoon
anteayer	the day before yesterday
la semana pasada	last week

recientemente	recently
hace dos meses	two months ago
mañana (por la mañana)	tomorrow (morning)
pasado mañana	the day after tomorrow
la semana que viene	next week
dentro de un mes	within a month
por la mañana	in the morning
por la tarde	in the afternoon/evening
por la noche	at night
el fin de semana	(at) the weekend
este mes	this month
el año pasado/que viene	last/next year
finales de siglo	the end of the century
el siglo veintiuno	the twenty-first century

¿cada cuánto?
how often?

siempre	always
todos los días	every day
normalmente	usually
a menudo/con frecuencia	often
todos los lunes	every Monday
a veces/de vez en cuando	sometimes
cada fin de semana	every weekend
una vez a la semana/al mes	once a week/month
cada dos semanas	every other week
raramente	rarely
todavía no	not yet
ya no	no longer
nunca	never

¿qué hora es?/¿qué hora tienes?	what's the time?
Es la una y cinco.	It's five past one.
Son las dos menos diez.	It's ten to two.
Son las doce en punto.	It's exactly twelve o'clock.

al mediodía	at midday
la medianoche	midnight
a la una/a las dos	at one/two
a eso de las dos de la tarde	around two in the afternoon
el minuto	minute
el segundo	second
la hora	time; hour
Este reloj va adelantado/atrasado.	This watch is fast/slow.

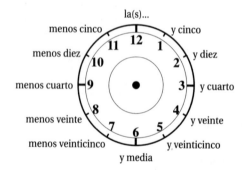

Y otras expresiones...

las quince cuarenta y seis — 15:46

la mitad — $\frac{1}{2}$

el cinco por ciento — 5%

el tres coma ocho — 3,8

más — +

menos — –

por — x

dividido por — ÷

son — =

JUEGO DE PALABRAS

[A] What comes next? Complete the patterns.

a *diez, nueve, ocho ....*

b *martes, miércoles, jueves ....*

c *abril, mayo, junio ....*

d *diciembre, octubre, agosto ....*

e *dos, cinco, ocho ....*

[B] Practise your numbers, days of the week and months by going backwards and forwards. For example: start at *veinte* and then count backwards to *cero*. Or, start with *domingo* and get back to *lunes*. How many other patterns can you say backwards?

[C] Can you do these sums?

a *siete por seis*

b *doce por tres más veintinueve*

c *dieciocho dividido por tres*

d *ciento ochenta y siete menos cincuenta y nueve*

e *siete por nueve más once*

f *doscientos cuarenta dividido por sesenta*

3

All about me

la familia	family
la madre	mother
mamá	Mum
el padre	father
papá	Dad
los padres	parents
el padrastro/la madrastra	stepfather/stepmother
el hermano/la hermana	brother/sister
los hermanos	brothers and sisters
el hermanastro/la hermanastra	stepbrother/stepsister
el gemelo/la gemela	twin
el abuelo/la abuela	grandfather/grandmother
los abuelos	grandparents
el bisabuelo/la bisabuela	great grandfather/grandmother
el nieto/la nieta	grandson/granddaughter
los nietos	grandchildren
el tío/la tía	uncle/aunt
los tíos	aunts and uncles
el sobrino/la sobrina	nephew/niece
el primo/la prima	(male) cousin/(female) cousin
el novio/la novia	boyfriend/girlfriend
el marido/la mujer	husband/wife
el/la pareja	partner
el matrimonio	married couple
el hijo/la hija	son/daughter
los hijos	children
el niño/la niña	baby; small child

el bebé	baby
el padrino/la madrina	godfather/godmother
el ahijado/la ahijada	godson/goddaughter
ser adoptado	to be adopted
ser soltero	to be single
estar prometido	to be engaged
estar casado	to be married
estar separado	to be separated
estar divorciado	to be divorced
estar muerto	to be dead
ser viudo	to be widowed
vivir solo/juntos	to live on your own/together
enamorarse (de)	to fall in love (with)
prometerse	to get engaged
casarse (con alguien)	to marry (someone)
divorciarse	to get divorced

Y otras expresiones...

el benjamín/la benjamina — el hijo más pequeño/ la hija más pequeña
el cuñado — el marido de tu hermana
la cuñada — la mujer de tu hermano
el hermano mayor — el hermano que tiene más años
el suegro — el padre de tu marido o mujer
la suegra — la madre de tu marido o mujer
la viuda — una mujer cuyo marido está muerto
ser hijo único/hija única — no tener hermanos

¡Punto práctico!

If you come across a Spanish word you can't understand, you can look it up in a dictionary or in the alphabetical word list at the back of your course book. Remember that *ch*, *ll* and *ñ* are included in many Spanish dictionaries as separate letters. But, before looking up a word, try and work out what you think it means.

las características   characteristics

●●● Note that these adjectives have a different meaning with *ser* and *estar*. For example, *eres una persona muy callada* means that you're always quiet, and *estás muy callada* means that you're quieter than usual today.

amable	friendly
ambicioso	ambitious
animado	lively
antipático	nasty
bueno	well-behaved, good
callado	quiet
contento/feliz	happy
cortés	polite
encantador/encantadora	charming
formal	reliable
generoso	generous
gracioso	funny
hablador/habladora	talkative
honesto	honest
inteligente	intelligent
loco	mad
malo	naughty; bad
necio	silly
nervioso	nervous
optimista	optimistic
orgulloso	proud
paciente	patient
perezoso	lazy
pesimista	pessimistic
puntual	punctual
razonable	reasonable
serio	serious; responsible
simpático	friendly
testarudo	stubborn
tímido	shy

tonto	silly, stupid
trabajador/trabajadora	hard-working
triste	sad
estar de buen/mal humor	to be in a good/bad mood
estar enfadado	to be angry
estar preocupado	to be worried
tener mucha cara	to be very cheeky

la apariencia física

appearance

alto	tall
atractivo	attractive
bajo	short
bonito	pretty
ser de estatura media	to be of medium build
delgado	slim
elegante	elegant
feo	ugly
flaco	skinny
gordo	fat
guapo	good-looking
hermoso	beautiful; handsome
horrible	awful
joven	young
(ser) mayor	(to be) old
pálido	pale
pequeño	small
(estar) viejo	(to look) old
tener barba	to have a beard
el bigote	moustache
la talla	size
el peso	weight
las gafas	glasses
los ojos	eyes
tener los ojos azules	to have blue eyes

ser moreno	to be dark-skinned
estar muy moreno	to be suntanned

el pelo	**hair** ✓
rizado	curly ✓
lacio	straight ✓
corto	short ∿
largo	long ✓
castaño	brown ✓
negro	black ∿
ser pelirrojo	to have red hair ✓
ser rubio	to be fair/blond ∿
✗ ser calvo	to be bald ✓
✗ la peluca	wig ✓

las fiestas	**celebrations**
✗ el bautizo	baptism ✓
la boda	wedding ✓
el cumpleaños	birthday ✓
la tarjeta	card ✓
celebrar	to celebrate
¡Feliz cumpleaños!	Many happy returns!
¡Enhorabuena!	Congratulations! ✓

JUEGO DE PALABRAS

[**A**] How well do you know the alphabet? Put these words in alphabetical order.

matrimonio	*flaco*	*ahijada*	*nieto*	*guapo*	*novia*
tíos		*madre*	*pequeño*	*abuelo*	*sobrino*

What do the words mean in English?

Give your partner a list of 10 words to put in alphabetical order. They give you a list, too. Who can sort out their list first?

[B] Do you understand all the words on this form? Use a dictionary to help you fill it in.

FICHA

nombre ....

apellidos ....

sexo: hombre/mujer

estado civil ....

domicilio ....

....

código postal ....

teléfono (incluido prefijo de provincia) ....

fecha y lugar de nacimiento ....

edad ....

nacionalidad ....

firma ....

4

Animals

los animales domésticos   pets

1 el pez dorado
2 el hámster
3 el perro
4 el loro
5 el periquito
6 el gato
7 el ratón
8 la tortuga
9 el conejo
10 la cobaya

> **¡Punto práctico!**
> Try and find a quiet place to learn your vocabulary. You'll remember more after five minutes' concentrated learning than after half an hour with the TV on.

el animal	**animal**
el burro	donkey
el caballo	horse
la cabra	goat
el cerdo	pig
la gallina	hen
el ganso	goose
la oveja	sheep
el pájaro	bird
el pato	duck
la rata	rat
el toro	bull
la vaca	cow
el zorro	fox
el cocodrilo	crocodile
el elefante	elephant
la jirafa	giraffe
el león	lion
el mono	monkey
el caracol	snail
la culebra	grass snake
la rana	frog
la serpiente	snake
el insecto	insect
la abeja	bee
la araña	spider
la avispa	wasp

la hormiga   ant
la mosca   fly

Y otras expresiones...
la caseta del perro — una casita para un perro
la jaula — una casita para un pájaro
el zoo — un parque especial para los animales exóticos

JUEGO DE PALABRAS

Find an animal word to complete the rhymes. Then link the rhymes to the
correct picture.

a *Soy más pequeño que un toro,*
    me gusta cantar — soy un ....

b *Tiene una voz como un acordeón,*
    cuando grita todos decimos: —es un ....

c *Se ha comprado un jersey de lana,*
    Verde, verde, verde es la ....

d *—¿Tú quieres fresas con nata?*
    —No, no, no. ¿No ves que soy una ....?

e *En el jardín hay un gato.*
    Pero, ¡tiene alas! ¡Es un ....!

Have a go at writing similar rhymes yourself!

5

Hobbies

los deportes	sports ✓
el atletismo	athletics
el bádminton	badminton
el ciclismo	cycling
el cricket	cricket
el esquí	skiing
el fútbol	football
la gimnasia	gymnastics
el golf	golf
el hockey	hockey
el rugby	rugby
el tenis	tennis
el windsurf	windsurfing
el baloncesto	basketball
la equitación	horseriding
la natación	swimming
el patinaje sobre hielo/ruedas	ice-skating/roller-skating
la pesca	fishing
el ping-pong	table tennis
la vela	sailing

¡Punto práctico!

Look how many sports have the same, or similar, name in Spanish and English! If you're also learning French, that will help too because Spanish and French both come mainly from Latin. For example, the French word *l'équitation* is very close to the Spanish *la equitación*. Be careful to note the small spelling differences.

el balón/la pelota	ball
el club	club
la copa	cup
el partido	match
la raqueta	racket
la red	net
el socio/la socia	member (of a club)
ganar	to win
perder	to lose
jugar a	to play (sport)
marcar un gol	to score a goal

Y otras expresiones...

el campeonato (del mundo) — una competición (para todos los países)

el Mundial — la Copa del Mundo

los Juegos Olímpicos — una competición muy importante que tiene lugar cada cuatro años

la final — el último partido de una competición

el ganador/la ganadora — el/la que gana

el jugador/la jugadora — el/la que juega

el espectador/la espectadora — el/la que mira

el árbitro — el que arbitra un partido

el campo — el sitio donde se juega

el equipo — un grupo de jugadores

el público — los espectadores

Soy hincha del Real Madrid. — El Real Madrid es mi equipo favorito.

los instrumentos musicales musical instruments

1 la flauta dulce
2 el violín
3 la guitarra
4 el clarinete
5 el oboe
6 la trompeta
7 la flauta
8 el violoncelo
9 el piano
10 el saxofón
11 la batería
12 la orquesta

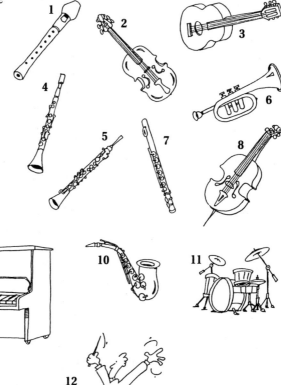

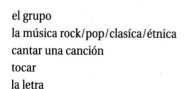

el grupo	group
la música rock/pop/clasíca/étnica	rock/pop/classical/world music
cantar una canción	to sing a song
tocar	to play (an instrument)
la letra	lyrics

las distracciones

¿te gusta ir...?
al centro comercial
al cine
a los conciertos
a las corridas
a la discoteca
al estadio
a las fiestas
a los museos
a la pista de patinaje sobre hielo
al teatro

things to do

do you like going...?
to the shopping centre
to the cinema
to concerts
to bullfights
to the disco
to the stadium
to parties
to museums
to the skating-rink
to the theatre

los pasatiempos

en mis ratos libres
me gusta/me encanta...
bailar
escuchar música/los discos compactos
gandulear
hacer bricolaje
hacer punto
jugar a las cartas
jugar al ajedrez
jugar con los juegos del ordenador
leer
pintar
sacar fotos
ver la tele/los vídeos

bañarme en el mar
dar una vuelta
dar una vuelta en bici
montar a caballo
salir (en pandilla)
visitar a los amigos

hobbies

in my spare time
I like/I love...
to dance
to listen to music/CDs
to laze around
to do DIY
to knit
to play cards
to play chess
to play computer games
to read
to paint
to take photos
to watch TV/videos

to go swimming in the sea
to go for a walk
to go for a bike ride
to go horseriding
to go out (with friends)
to visit friends

citarse   making a date

●●● *Look at page 16 for times and page 60 for possible meeting places!*

Can you make up a similar dialogue with a partner?

JUEGO DE PALABRAS

[A] Choose the correct answer each time.

1 *Te gusta correr. ¿Qué deporte practicas?*

a *el golf* ☐

b *la natación* ☐

c *el atletismo* ☐

2 *Te gustan los caballos. ¿Qué actividad te gusta?*

a *la pesca* ☐

b *hacer punto* ☐

c *la equitación* ☐

3 *Te encanta la música. ¿Adónde vas?*

a *a la discoteca* ☐

b *al cine* ☐

c *al museo* ☐

4 *No quieres salir de casa. ¿Qué haces?*

a *sales en pandilla* ☐

b *das una vuelta en bici* ☐

c *escuchas los discos compactos* ☐

[B] Play this memory game in groups with hobbies you know.

A: *Toco el piano.*

B: *Toco el piano y la flauta.*

C: *Toco el piano, la flauta y el clarinete...*

A: *Me gusta jugar al fútbol.*

B: *Me gusta jugar al fútbol y me gusta cantar.*

C: *Me gusta jugar al fútbol, me gusta cantar y me gusta ir al cine...*

6

At home

las habitaciones	rooms
el ático	attic
el balcón	balcony
el baño	toilet
la bodega	(wine) cellar
la cocina	kitchen
el comedor	dining room
el cuarto de baño	bathroom
el cuarto de estar/el salón	living room
el despacho	study
el dormitorio	bedroom
la ducha	shower
el garaje	garage
la habitación	room; bedroom
el pasillo	corridor; landing
el sótano	basement
la terraza	terrace
el vestíbulo	hall
en la planta baja	on the ground floor
en el primer piso	on the first floor

la casa	house
la casa adosada	semi-detached house
la casa de labranza	farmhouse
la casa de una planta	bungalow
la casa no adosada	detached house
el edificio (de pisos)	block (of flats)
el piso	flat

la chimenea	chimney
las escaleras	stairs
el jardín	garden
la pared	wall
la persiana	blind
la puerta	door
el suelo	floor
el techo	ceiling
el tejado	roof
la ventana	window

los muebles y los enseres / furniture and fittings

el aparador	sideboard
el armario	cupboard; wardrobe
la bañera	bath
el cajón	drawer
la cama	bed
la cómoda	chest of drawers
el escritorio	desk
el estante	shelf
la estantería para libros	bookcase
el lavabo	washbasin
la mesa	table
la mesilla de noche	bedside table
la silla	chair
el sillón	armchair
el sofá	sofa
el tocador	dressing-table
la cocina	cooker
el congelador	freezer
el fregadero	sink
el horno	oven
la lavadora	washing machine
el lavaplatos	dishwasher

el microondas	microwave
la nevera	fridge
la secadora	tumble dryer
el cuadro	picture
el enchufe	plug
el espejo	mirror
la estufa eléctrica/de gas	electric/gas fire
el grifo	tap
la lámpara	lamp
la luz	light
la papelera	wastepaper basket
el póster	poster
el radiador	radiator
el timbre	doorbell
la almohada	pillow
el cojín	cushion
la cortina	curtain
el edredón nórdico	duvet
el mantel	tablecloth
la manta	blanket
la moqueta	carpet
la sábana	sheet

Y otras expresiones...

el alquiler — lo que se paga para alquilar una casa
la hipoteca — el dinero que el banco te da para comprar una casa
el portero — el hombre que vigila un edificio
el vecino/la vecina — la persona que vive en la casa de al lado
un piso amueblado — un piso con todos los muebles
mudarse — cambiar de alojamiento
la calefacción central — la calefacción en todas las habitaciones
los cubiertos — los tenedores, los cuchillos, las cucharas
la vajilla — los platos, las tazas, etc.

la cocina kitchen

1 el abrelatas
2 el sacacorchos
3 la cucharilla
4 el plato
5 la cacerola
6 el tenedor
7 la bombilla

8 la sartén
9 la fuente
10 la taza
11 el platillo
12 la plancha
13 el vaso
14 el cuchillo

¡Punto práctico!

Write the Spanish words from this section on to pieces of card or post-it notes and stick them to the matching objects around the house. Now, wherever you go in the house, you can learn and remind yourself of the Spanish words for the objects and rooms!

JUEGO DE PALABRAS

[A] How many items can you find from this unit which are made from these materials?

– *madera (wood)*
– *metal (metal)*
– *plástico (plastic)*
– *tela (material)*

See how many words you can write down in five minutes. Can you get more words than your partner?

[B] Continue this word web. How many words can you think of?

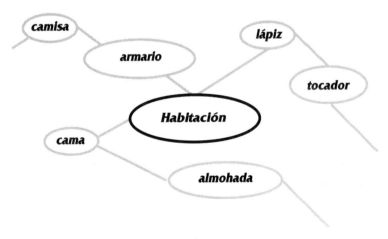

Can you make a word web for another room?

7

Staying with a family

saludos / greetings

saludos	greetings
¡hola!	hello
dígame	hello (on the phone)
¿qué hay?	hi!
buenos días	good morning
buenas tardes	good afternoon/evening
buenas noches	good night
adiós	goodbye
hasta luego	see you
bienvenido	welcome
¿Cómo estás?/¿Qué tal?	How are you?
¡Que pases un buen fin de semana!	Have a good weekend! √
¡Que te lo pases bien!	Have a good time! √
¡Buen viaje!	Have a good trip! √

la rutina / routine

la rutina	routine
despertarse	to wake up
levantarse	to get up
lavarse	to wash
bañarse	to have a bath
ducharse	to have a shower
afeitarse	to shave
limpiarse los dientes	to clean your teeth
maquillarse	to put on your make-up
peinarse	to comb your hair
vestirse	to get dressed
desayunar	to have breakfast
salir de casa	to leave the house

comer	to have lunch
volver a casa	to go/get home
cambiarse	to get changed
descansar	to relax
echarse la siesta	to have a siesta
cenar	to have the evening meal
acostarse	to go to bed
desnudarse	to get undressed
dormirse	to go to sleep

¡Punto práctico!

Follow this sequence when you learn vocabulary:
- LOOK at the Spanish and English words in the list
- COVER UP the Spanish words
- WRITE the Spanish words down on a piece of paper
- CHECK your words against the original Spanish words.

---

los quehaceres de la casa

housework

hacer los quehaceres de la casa	to do the housework
ayudar	to help
echar una mano	to lend a hand
hacer la compra	to do the shopping
cocinar	to cook
preparar la comida	to make the food
pelar	to peel
poner la mesa	to lay the table
quitar la mesa	to clear the table
fregar los platos	to wash up
arreglar las cosas	to tidy (everything) up
cortar el césped	to mow the lawn
hacer la cama	to make the bed
lavar la ropa	to do the washing
limpiar	to clean, wipe up

pasar la aspiradora	to vacuum
pasar la escoba	to sweep
planchar	to iron, do the ironing
quitar el polvo	to dust
sacar brillo a los muebles	to polish the furniture

en la mesa

at the table

¡Que aproveche!	Enjoy your meal!
¡Salud!	Cheers!
Lo siento, pero...	I'm sorry, but...
¿Me pasa(s)...?	Could you pass me...?
Me gustó mucho.	I really liked it.
No me gusta esto.	I don't like this.
¡Huele bien!	It smells good!
¡Qué rico está!	This is delicious!

las comidas

meals

el desayuno	breakfast
el almuerzo	(light) lunch
la comida	midday dinner
la merienda	afternoon snack; picnic
la cena	evening meal

●●● *Look at unit 9 for things to eat and drink!*

Y otras expresiones...

el amigo/la amiga por correspondencia — una persona que intercambia cartas contigo

tener morriña — sentirse triste estando lejos de su país

la maquinilla de afeitar — lo que se usa para afeitarse

la toalla — lo que se usa para secarse

el peine y el cepillo — lo que se usa para peinar el pelo

el secador de pelo — lo que se usa para secar el pelo

el cepillo y la pasta de dientes — lo que se usa para limpiar los dientes

el intercambio   exchange visit

Can you make up similar dialogues with a partner?

JUEGO DE PALABRAS

Fill in the grid to find out what else Juanito does as part of his daily routine.

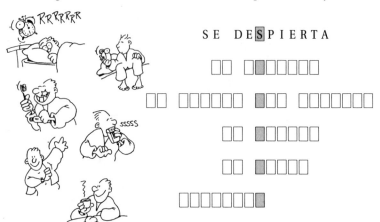

SE DE[S]PIERTA

How many things do you do every day? Write a list of them.

Me despierto, me levanto...

8

At school

las asignaturas	school subjects
biología	biology
ciencias	science
física	physics
química	chemistry
ciencias	science
tecnología	technology
trabajos manuales	craftwork
matemáticas	mathematics
informática	computer science
empresariales	business studies
geografía	geography
historia	history
idiomas	modern languages
alemán	German
francés	French
inglés	English
español	Spanish
arte	art
música	music
religión	religious education
deporte	sport
educación física	physical education

los deberes	homework ✓
el horario	timetable ✓
la reunión de los profesores y alumnos	assembly ✓
el recreo	break
la hora de comer	lunchtime

el sistema de educación — the education system

la guardería	nursery school
la escuela primaria	primary school
el colegio	secondary school (11–14)
el instituto	secondary school (14–18)
el colegio interno	boarding school
la escuela politécnica	technical college
la universidad	university
los estudios	studies
la prueba	test
aprender (de memoria)	to learn (by heart)
estudiar	to study, work
repasar	to revise
presentarse a un examen	to take an exam
aprobar	to pass
suspender	to fail
sacar una buena/mala nota	to get a good/bad mark

las aulas — rooms

los aseos	toilets
el aula (f) de clase	classroom
la biblioteca	library
la cafetería	canteen
el despacho	office
el gimnasio	sports hall
el laboratorio (de idiomas)	(language) laboratory
el pasillo	corridor
el patio	playground
la sala de profesores	staff room
el salón de actos	hall

¡Punto práctico!
Learn the school subjects well and you'll find it easy to describe rooms and teachers: *el aula de historia, el profesor de español...*

la cartera   school bag

1 el lápiz
2 el rotulador
3 el cuaderno
4 el bolígrafo (el boli)
5 la goma
6 el disquete
7 el libro de texto
8 el estuche
9 el cuaderno para apuntes
10 la regla
11 la hoja de papel
12 la calculadora

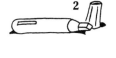

la gente	people
el alumno/la alumna	pupil
la clase	class
el compañero/la compañera de clase	classmate ✓
el/la estudiante	student ✓
el director/la directora	headteacher
el jefe/la jefa de seminario	head of department
el lector/la lectora	language assistant
el profesor/la profesora	teacher ✓

Y otras expresiones...

un idioma extranjero — un idioma de otro país

el intercambio — una visita organizada con un colegio extranjero

asistir a clase — ir a clase

faltar a clase — no ir a clase

JUEGO DE PALABRAS

Can you find ten school words in this *sopa de letras*? Write them out.
(Try and write them with *el/la* too)

```
E  S  T  U  C  H  E  D  A  S
P  D  O  S  U  T  L  O  P  I
R  E  P  I  A  L  A  P  I  Z
O  S  A  Y  D  E  R  E  Z  A
L  P  T  R  E  G  L  A  G  C
C  A  I  F  R  E  M  O  O  U
I  C  O  N  N  A  S  X  M  R
C  H  E  M  O  F  I  R  A  S
B  O  L  I  T  U  L  A  B  O
A  S  D  I  S  Q  U  E  T  E
```

What do the words mean in English?

Make up a wordsearch for your partner to solve.

9
Food and drink

las frutas	**fruit**
el aguacate	avocado
el albaricoque	apricot
la cereza	cherry
la ciruela	plum
la frambuesa	raspberry
la fresa	strawberry
el kiwi	kiwi
el limón	lemon
la manzana	apple
el melocotón	peach
el melón	melon
la mora	blackberry
la naranja	orange
la pera	pear
la piña	pineapple
el plátano	banana
el pomelo	grapefruit
el tomate	tomato
la uva	grape

las verduras	**vegetables**
la aceituna	olive
el ajo	garlic
la berenjena	aubergine
el calabacín	courgette
la cebolla	onion
el champiñón	mushroom

la col	cabbage
la col de Bruselas	sprout(s)
la coliflor	cauliflower
los guisantes	peas
las judías verdes	green beans
la lechuga	lettuce
el maíz	sweetcorn
la patata	potato
el pepino	cucumber
el pimiento	(whole) pepper
el rábano	radish
la zanahoria	carrot

¡Punto práctico!

You don't always have to write words down like they are. Why not write them in shapes? It might help you remember them!

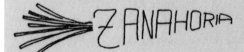

las bebidas · drinks

el café (con leche)	(white) coffee
el café sólo	strong black coffee
el cortado	coffee with a drop of milk
el chocolate	hot chocolate
la infusión	herbal tea
el té	tea
el refresco	soft drink
el agua (f) mineral	mineral water
con/sin gas	fizzy/still
la gaseosa	lemonade

la leche fría	(cold) milk
el zumo de fruta	fruit juice
la caña	small draught beer
la cerveza	beer
el champán	champagne
el rosado/clarete	rosé wine
la sidra	cider
el vino blanco/tinto	white/red wine

el desayuno — breakfast

el azúcar	sugar
la barra de pan	French stick
el bizcocho	sponge cake
los cereales	cereal
el cruasán	croissant
la galleta	biscuit
el huevo cocido	boiled egg
el huevo frito	fried egg
el huevo revuelto	scrambled egg
la mantequilla	butter
la margarina	margarine
la mermelada	jam
la miel	honey
el pan	bread
el panecillo	roll
el pastel	cake
la tostada	slice of toast
el yogur	yoghurt

la carne y el pescado — meat and fish

el bistec	steak
la carne de cordero	lamb
la carne de ternera/vaca	veal/beef
el chorizo/el salchichón	cold sausage

la chuleta (de cerdo)	(pork) chop
el guiso	stew
la hamburguesa	hamburger
el jamón	ham
el pollo	chicken
el atún/el bonito	tuna
el bacalao	cod
la merluza	hake
el salmón	salmon
la trucha	trout
los mariscos	seafood
los calamares	squid
las gambas	prawns
los mejillones	mussels

otros platos — other dishes

el arroz	rice
el bocadillo	sandwich
la ensalada	salad
los espaguetis	spaghetti
los fideos	noodles
el gazpacho	cold Andalusian tomato soup
las patatas fritas	chips; crisps
la pizza	pizza
el queso	cheese
el sándwich	toasted sandwich
la sopa	soup
las tapas	bar snacks
la tortilla española	Spanish omelette (with potatoes and onions)
el aceite (de oliva)	(olive) oil
la mayonesa	mayonnaise
la mostaza	mustard

la pimienta	pepper
la sal	salt
la salsa	sauce; gravy
el vinagre	vinegar

los dulces

sweets

el caramelo	sweet
el chocolate	chocolate
el flan	caramel custard
el helado (de vainilla)	(vanilla) ice cream
la nata	cream
la pastelería	gateaux
la tarta de manzana	apple pie

en el restaurante

at a restaurant

la cocina china/italiana/india	Chinese/Italian/Indian food
el menú	menu
el menú del día	fixed price meal
los entremeses	starters
el plato	dish
el plato principal	main course
el postre	dessert
la propina	tip
la cuenta	bill
reservar una mesa	to book a table
pedir	to order
servir	to serve
amargo	bitter
rico	delicious
picante	hot, spicy
salado	salty
dulce	sweet

en la cafetería   at a café

Can you make up a similar dialogue with a partner?

Y otras expresiones...

tengo sed — quiero tomar/beber algo

tengo hambre — quiero comer algo

tengo alergia a los cacahuetes — no puedo comer cacahuetes

estar a régimen — comer solamente ciertas cosas, por ejemplo no comer lo
dulce porque quieres adelgazar

descafeinado — sin cafeína

el vegetariano/la vegetariana — una persona que no come carne ni pescado

JUEGO DE PALABRAS

[A] Fill in the missing letters for each word. Which fruit can you then make
out of the jumbled missing letters?

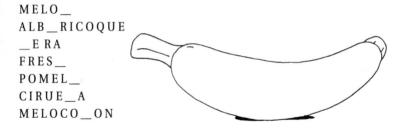

MELO _

ALB _ RICOQUE

_ E RA

FRES _

POMEL _

CIRUE _ A

MELOCO _ ON

Make up a similar puzzle for your partner to solve.

[B] In a small group, choose a category from this section, i.e. meat,
vegetables, fruit, etc. Go round the group taking it in turns to name an
item from the chosen category. Who can keep going the longest?

A: *las frutas*

B: *la cereza*

C: *la piña*

D: *el limón...*

10

Shopping

las tiendas	**shops**
la carnicería	butcher
la confitería	sweet shop
la floristería	florist
la frutería	greengrocer
la joyería	jeweller
la lavandería	launderette
la librería	bookshop ✓
la panadería	baker
la pastelería	cake shop
la peluquería	hairdresser ✓
la pescadería	fishmonger
la boutique	boutique
Correos	post office
el estanco	tobacconist
la farmacia	chemist
los grandes almacenes	department store
el centro comercial	shopping centre
el hipermercado	superstore
el mercado	market ✓
el quiosco	newspaper stand ✓
el supermercado	supermarket ✓
la tienda de comestibles	grocer
la venta por correspondencia	mail order firm

¡Punto práctico!

In Spanish, just as in English, there are close links between the words for many of the shops, the products they sell and the person who sells them. For example, if you know that *carne* means 'meat', you can work out that *la carnicería* is a shop that sells meat and that *el carnicero* is the person who works in that shop.

las compras	**shopping**
el autoservicio	self service
la bolsa (de la compra)	(shopping) bag
el carro	trolley
la cesta	basket
el mostrador	counter
el número	size (shoes)
el recibo	receipt
la selección	choice, selection
la talla	size (clothes)
vender	to sell
comprar	to buy
pagar (algo)	to pay (for)
gastar mil pesetas	to spend a thousand pesetas
cambiar X por Y	to exchange X for Y
Me llevo éste/ésta.	I'll have this one.
¿Cuánto cuesta?	How much is it?

Y otras expresiones...

la caja — el sitio donde se paga
el cliente/la clienta — la persona que compra algo
el dependiente/la dependienta — la persona que trabaja en una tienda
el escaparate — la ventana de una tienda
el horario de apertura — las horas cuando está abierta la tienda
la oferta especial — algo que se vende a un precio reducido
las rebajas/la liquidación — cuando hay reducciones

la cantidad	**quantity**
el bote	jar
la botella	bottle
la caja	box
el gramo	gramme
el kilo	kilo
la lata	tin, can
el litro	litre
el metro	metre
la mitad	half
el paquete	packet
el pedazo	piece
el vaso	glass
una docena (de huevos)	a dozen (eggs)
un par (de zapatos)	a pair (of shoes)
un poco (de carne)	a little (meat)
una ración (de patatas fritas)	a portion (of chips)
una rodaja (de pan)	a slice (of bread)
algo (de leche)	some (milk)
algunos (caramelos)	some (sweets)
mucho	a lot
más	more
menos	less
medio kilo	half a kilo
es demasiado	it's too much

●●● *Look at unit 9 for food and drink words!*

el material	**material**
hecho en España	made in Spain
es de...	it's made of...
algodón	cotton
cuero	leather
fibra artificial	man-made fibre

lana	wool
lino	linen
nailon	nylon
oro	gold
plástico	plastic
plata	silver
seda	silk

la ropa	**clothes**
el abrigo	coat
la blusa	blouse
la camisa (de manga corta/larga)	(short/long-sleeved) shirt
el chándal	tracksuit
la chaqueta	jacket; cardigan
el cinturón	belt
la corbata	tie
la falda	skirt
el impermeable	raincoat
el jersey	pullover
el niqui	polo shirt
el pantalón	trousers
los shorts	shorts
el traje	suit
los vaqueros	jeans
el vestido	dress

el bañador	swimming costume
las bragas	knickers
los calcetines	socks
los calzonzillos	underpants
la camiseta	T-shirt; vest
el camisón	nightdress
las medias	tights, stockings
el pijama	pyjamas
el sostén/el sujetador	bra

las joyas	jewellery
el anillo	ring
el collar	necklace
el pendiente	earring
la pulsera	bracelet
la bufanda	scarf
la gorra	cap, woolly hat
los guantes	gloves
el sombrero	hat
las alpargatas	sandals ✓
las botas	boots ✓
las zapatillas	slippers ✓
las zapatillas de deporte	trainers
los zapatos	shoes ✓
de cuadros	checked
de rayas	striped
estar de moda	to be in fashion

JUEGO DE PALABRAS

[A] Which Spanish shop do you think these people work in?

a *el panadero*

b *el peluquero*

c *el librero*

d *el pescadero*

e *el carnicero*

[B] Work with a partner. You need a magazine or a book with photos of people in it. Describe what one of the people is wearing. Can your partner guess who you are describing?

Start like this: *Lleva...*

en la tienda   in the shop

Can you make up a similar dialogue with a partner?

11

In town

los edificios	buildings
el ayuntamiento	town hall
el banco	bank
el bar	bar
la biblioteca	library
el castillo	castle
la catedral	cathedral
el centro comercial	shopping centre
el cine	cinema
la comisaría	police station
la discoteca	disco
la escuela/el colegio/el instituto	school
el estadio	stadium
el garaje	garage
el hospital	hospital
el hotel	hotel
la iglesia	church
la mezquita	mosque
el museo	museum
la oficina de turismo	tourist office
la piscina	swimming pool
el polideportivo	sports complex
el restaurante	restaurant
el teatro	theatre
el aparcamiento	car park
el cementerio	cemetery
la estación de autobuses	bus station
la gasolinera	petrol station

el mercado	market
el monumento	monument
el parque	park
la plaza de toros	bullring

●●● *Look at page 54 for more shops!*

las direcciones   directions

1 vaya todo recto / derecho
2 vaya a la derecha
3 vaya a la izquierda
4 tome la primera calle a la derecha
5 tome la segunda calle a la izquierda
6 pase por el puente
7 siga hasta el semáforo

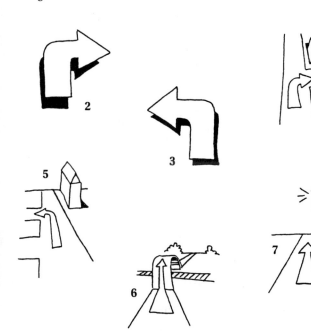

> **¡Punto práctico!**
> You don't always have to translate Spanish words into English to understand them! Try and learn words by picturing them in your mind. That helps you to associate them with their meaning and to remember them more easily.

al lado de	next to
enfrente de	opposite
en	in
sobre	on
delante de	in front of
detrás de	behind
entre	between
allí	over there
aquí	here
desde	from
hacia	towards
más abajo/arriba	further down/up
cerca de	near
lejos de	far from

en la calle — in the street

la acera	pavement
la avenida	avenue
la calle de sentido único	one-way street
la carretera	main road
el centro	centre
el cruce	crossroads
la curva	bend
las obras	roadworks
la parada de autobús	bus stop
el paso subterráneo	underpass
el paso de peatones/a nivel	zebra/level crossing
el peatón	pedestrian

la plaza (mayor)	(main) square
el puente	bridge
la rotonda	roundabout
el semáforo	traffic lights
la señal	signpost
el tráfico	traffic
todas direcciones	through traffic

Y otras expresiones...

las afueras — la zona que está alrededor de la ciudad
la capital — Madrid es la capital de España
el/la habitante — alguien que vive en cierto lugar
los monumentos — lo que hay que ver en la ciudad
la zona verde — un parque, por ejemplo

en el banco   at the bank

el billete de banco	bank note
el billete de mil pesetas	one thousand peseta note
la caja de ahorros	savings bank
el cambio	change; bureau de change
el cheque	cheque
la cuenta bancaria	bank account
el dinero (para gastar)	(pocket) money
la libra (esterlina)	pound (sterling)
la moneda	coin; currency
la peseta	peseta
el talonario de cheques	cheque book
la tarjeta de banco	cheque/cashpoint card
la tarjeta de crédito	credit card
ahorrar dinero	to save money
pagar al contado	to pay by cash

JUEGO DE PALABRAS

Look at this picture for 30 seconds. Close your book and name as many
items as possible. Then open your book to check your answers. Try and
improve your score next week.

12

Travel

¡Punto práctico!
Whenever you come across new words, write them down in your
vocabulary file or book. But don't forget them after that – keep on
going back and testing yourself on them.

el transporte	**transport**
la bicicleta (la bici)	bicycle (bike)
la bicicleta de montaña	mountain bike
la moto	motorbike
el vespino	moped
el coche	car
el camión	lorry
el taxi	taxi
el autobús	bus
el autocar	coach
el metro	underground
el tren	train
el avión	plane
el helicóptero	helicopter
el barco	ship
la barca	small boat
el ferry	ferry
el hidrodeslizador	hovercraft
ir a pie	to go on foot
hacer autostop	to hitch-hike

en la estación de ferrocarril

el andén	platform
el billete	ticket
de primera/segunda clase	first/standard class
el billete sencillo	single ticket
el billete de ida y vuelta	return ticket
el coche restaurante	dining car
el compartimento	compartment
de (no) fumadores	(non) smoking
la consigna	left-luggage office
la consigna automática	left-luggage locker
el enlace	connection
el horario	timetable
la litera	couchette
la llegada	arrival
los pasajeros	passengers
el revisor	ticket inspector
la sala de espera	waiting room
la salida	departure; exit
el suplemento	supplement
la ventanilla	ticket window
la vía	track

at the railway station

reservar una plaza	to book a seat
perder el tren	to miss the train

libre/ocupado	free/taken
válido	valid
directo	direct
proveniente de León	coming from Leon
con destino a Madrid	going to Madrid
Va con retraso.	It's late.

en la taquilla at the ticket office

Can you make up a similar dialogue with a partner?

Y otras expresiones...

el rápido y el expreso — dos trenes rápidos

el AVE — un tren moderno y muy rápido

la RENFE — el ferrocarril español

el código de la circulación — las reglas de conducir

una multa — si conduces demasiado rápido la policía te pone una multa

la velocidad — por ejemplo, 100 kilómetros por hora

en el aeropuerto

la aduana	customs
los artículos libres de impuestos	duty-free
la azafata	stewardess
el control de pasaportes	passport control
el desfase horario	jetlag
el/la piloto	pilot
la tarjeta de embarque	boarding card
la tripulación	crew
el vuelo	flight
aterrizar	to land
despegar	to take off
embarcar	to board

at the airport

en coche   by car

1 el cinturón de seguridad
2 la puerta
3 el maletero
4 el parabrisas
5 el faro
6 el neumático

7 el retrovisor
8 el tubo de escape
9 el volante
10 la matrícula
11 el limpiaparabrisas

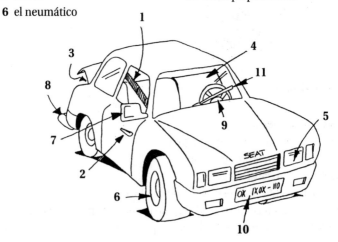

el motor	engine
los frenos	brakes
la gasolina	petrol
sin plomo	unleaded
la (gasolina) súper	4-star
el gasoil	diesel
el aceite	oil
el pinchazo	puncture
el chófer	driver
la (carretera) nacional	A-road
la autopista	motorway
el peaje	motorway toll
el atasco	traffic jam
la cola	tailback
adelantar	to overtake
conducir	to drive
echar gasolina	to get some petrol
esquivar	to swerve
girar	to turn
reducir la velocidad	to slow down
sacarse el carné de conducir	to get your driving licence
viajar	to travel
visitar	to visit

JUEGO DE PALABRAS

What do these signs mean? Where are you most likely to see them?

a NO ASOMARSE POR LA VENTANA
b PROHIBIDO EL PASO
c CEDA EL PASO
d NO FUMAR
e ABROCHESE EL CINTURON DE SEGURIDAD

13

On holiday

el país y la nacionalidad	country and nationality
Alemania	Germany
Austria/austríaco	Austria/Austrian
Bélgica/belga	Belgium/Belgian
Dinamarca	Denmark
Escocia	Scotland
España	Spain
Finlandia	Finland
Francia	France
Gales	Wales
Gran Bretaña/británico	Great Britain/British
Grecia/griego	Greece/Greek
Holanda	Holland
Inglaterra	England
Irlanda (del Norte)	(Northern) Ireland
Italia/italiano	Italy/Italian
Noruega/noruego	Norway/Norwegian
Polonia/polaco	Poland/Polish
Portugal	Portugal
el Reino Unido	United Kingdom
Rusia/ruso	Russia/Russian
Suecia/sueco	Sweden/Swedish
Suiza/suizo	Switzerland/Swiss
las Antillas/antillano	West Indies
Australia/australiano	Australia/Australian
Canadá/canadiense	Canada/Canadian
el Caribe/caribeño	Caribbean
China/chino	China/Chinese

los Estados Unidos (EEUU)	United States (U.S.)
la India/indio	India/Indian
Japón	Japan
Nueva Zelanda	New Zealand
Pakistán/pakistaní	Pakistan/Pakistani
Turquía/turco	Turkey/Turkish
Africa/africano	Africa/African
América del Sur/sudamericano	South America/South American
Asia/asiático	Asia/Asian
Europa/europeo	Europe/European
Latinoamérica/latinoamericano	Latin America/Latin American
Norteamérica/norteamericano	North America/North American

●●● Note the spelling changes with the following nationalities:

alemán/alemana/alemanes/alemanas	German
danés/danesa/daneses/danesas	Danish
escocés/escocesa/escoceses/escocesas	Scottish
español/española/españoles/españolas	Spanish ✓
finlandés/finlandesa/finlandeses/finlandesas	Finnish
francés/francesa/franceses/francesas	French
galés/galesa/galeses/galesas	Welsh
holandés/holandesa/holandeses/holandesas	Dutch
inglés/inglesa/ingleses/inglesas	English
irlandés/irlandesa/irlandeses/irlandesas	Irish
japonés/japonesa/japoneses/japonesas	Japanese
neozelandés/neozelandesa/ neozelandeses/neozelandesas	New Zealand
portugués/portuguesa/portugueses/portuguesas	Portuguese

> **¡Punto práctico!**
> Have you ever tried to rap vocabulary? It can be a useful way of
> remembering lists of words such as countries and nationalities. Get
> a good rhythm going as you recite the words and you'll find it easier
> to remember them later on!

el equipaje	**luggage**
el bolso de mano	handbag ✓
el bronceador	suntan cream
la cámara fotográfica	camera ✓
el carné de identidad	identity card
el carrete	film for camera
la cartera	wallet
el cheque de viaje	traveller's cheque
las gafas de sol	sunglasses
la guía	guide book ✓
la maleta	suitcase ✓
el mapa	map ✓
la mochila	backpack
el monedero	purse
el pañuelo	handkerchief
el pasaporte	passport ✓
el plano	street map
el recuerdo	souvenir
la videocámara	camcorder
el visado	visa
estar de vacaciones	to be on holiday ✓
ir de vacaciones	to go on holiday ✓

en la oficina de objetos perdidos   at the lost property office

Can you make up a similar dialogue with a partner?

ESPAÑA

JUEGO DE PALABRAS

[A] Which country are these cities in?

a *Roma*
b *Londres*
c *Edinburgo*
d *París*
e *Berlín*
f *Moscú*
g *Atenas*
h *Nueva York*

[B] Look at the map of Spain on page 74. Can you answer these questions?

a *¿Está Sevilla en el norte de España?*
b *¿Dónde está Cataluña?*
c *¿Cómo se llama la capital de España?*
d *¿Adónde irías para tomar el sol?*
e *¿Qué río pasa por Zaragoza?*
f *¿Cómo se llaman las montañas que están en la frontera con Francia?*

Make up some geography quiz questions for a partner.

14

Accommodation

el hotel	**hotel**
el dueño/la dueña	owner
una habitación doble	double room
una habitación con dos camas	twin room
una habitación individual	single room
la pensión	guest house
media pensión	half-board
pensión completa	full-board
el ascensor	lift
la entrada	entrance
la recepción	reception
la salida de emergencia	emergency exit
la vista	view
la factura	bill
la lista de precios	price list
la llave	key
barato	cheap
caro	expensive
cómodo	comfortable
con aire acondicionado	air-conditioned
disponible	available
(no) incluido	(not) included
completo	fully booked
moderno	modern
privado	private
limpio	clean
sucio	dirty

●●● *Look at page 33 for more rooms!*

el cámping   campsite

1 la cocina de gas
2 el saco de dormir
3 la mochila
4 la pila
5 la colchoneta hinchable
6 la linterna
7 la navaja
8 la tienda de campaña
9 la caja de cerillas

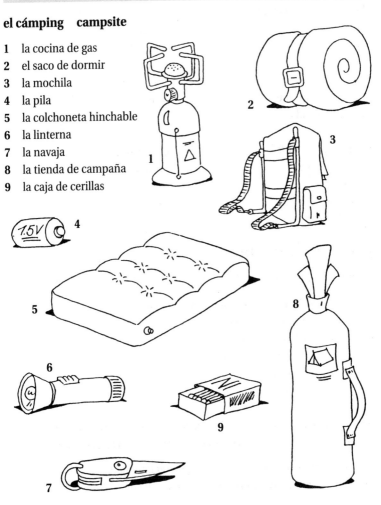

el agua (f) potable	drinking water
los aseos	washrooms
la cama plegable	camp-bed
la caravana	caravan
el cubo de la basura	dustbin
el encargado	warden
el fuego de campamento	camp fire
el gas butano	calor gas
la mesa plegable	foldaway table
la parcela	plot
la silla plegable	camping stool
la toma de corriente	power socket
montar la tienda	to put up the tent

el albergue juvenil	**youth hostel**
el dormitorio	dormitory
la sábana	sheet
la sala de juegos	games room
los reglamentos	rules

JUEGO DE PALABRAS

[A] What do the following phrases mean? Use a dictionary if necessary.

a *He reservado una habitación doble en nombre de Rivers.*

b *Quisiera quedarme tres días.*

c *¿Está incluido el desayuno?*

d *¿Se puede alquilar una bicicleta?*

e *Mi habitación está muy sucia.*

f *¿Puedo pagar con tarjeta de crédito?*

[B] Work in pairs or in a group. Think of a word from this unit. Your partner can ask you questions to guess it. But you can only answer *sí/no*.

¿Se encuentra en un hotel?   *¿Se usa para sentarse?*

¿Se encuentra en un cámping?   *¿Empieza por «S»?*

15

The body

el cuerpo   **the body**

1 el brazo
2 el pulgar
3 el codo
4 el dedo
5 el pie
6 el cuello
7 la boca
8 la mano
9 la nariz
10 el dedo gordo del pie
11 el ojo
12 la pierna
13 la rodilla
14 la oreja

la cabeza	head
la cara	face
la piel	skin
el diente	tooth
los labios	lips
la lengua	tongue
la garganta	throat
la voz	voice
la nuca	back of neck
la uña	nail
el hombro	shoulder
la espalda	back
el corazón	heart
el pecho	chest
los senos	breasts
el estómago	stomach
el trasero	bottom
el tobillo	ankle

¡Punto práctico!

Make a set of picture learning cards. Cut up a piece of card and draw or stick a picture of a vocabulary item on one side of each piece. On the other side, write the Spanish word. You can now look at the picture and say the Spanish word, or look at the Spanish word and name the item. Turn the card over to see if you were right. You can use your picture cards with a partner as well.

las enfermedades

estar enfermo	to be ill
el dolor	pain
me duele (el brazo)	(my arm) hurts
estar hinchado	to be swollen
me he roto la pierna	I've broken my leg

illnesses

me he torcido el tobillo	I've sprained my ankle
me he cortado el dedo	I've cut my finger
la quemadura del sol	sunburn
coger una insolación	to get sunstroke
la intoxicación	food poisoning
el catarro	cold
estar acatarrado/resfriado/constipado	to have a cold
estar mareado	to be dizzy/seasick/tipsy
tener dolor de cabeza	to have a headache
tener dolor de estómago	to have stomach ache
tener fiebre	to have a temperature
tener gripe	to have flu
tener diarrea	to have diarrhoea
tener sarampión	to have measles
guardar cama	to stay in bed
tener alergia al polen	to suffer from hay fever
ser alérgico a	to be allergic to
soy asmático	I suffer from asthma
me ha salido un grano	I've got a spot
me pica	it itches
estornudar	to sneeze
llorar.	to cry
sudar	to sweat
toser	to cough
vomitar	to be sick
estar sin aliento	to be out of breath
estar cansado/agotado/rendido	to be tired/exhausted/shattered
perder la conciencia	to lose consciousness
estar inconsciente	to be unconscious
¡Que te mejores pronto!	Get well soon!
¡Jesús!	Bless you!

los accidentes / accidents

el choque	crash
la sangre	blood
la herida	wound, cut
prestar los primeros auxilios	to give first aid
los bomberos	fire brigade
el coche de bomberos	fire engine
la policía	police
el coche patrulla	police car
la ambulancia	ambulance
la urgencia	emergency
el hospital	hospital
la inyección	injection
la UVI/UCI	intensive care
la operación	operation
la cicatriz	scar
estar herido	to be injured
sangrar	to bleed
salvar	to save
recuperarse	to recover
cuidar de alguien	to look after somebody
ser grave	to be serious
morir (murió)	to die (he died)
estar muerto	to be dead
ahogarse	to drown
matar	to kill
¡Cuidado!	Careful!
¡Fuego!	Fire!
¡Socorro!	Help!

en la farmacia / at the chemist

el farmacéutico/la farmacéutica	chemist
el óptico	optician

la receta	prescription
el medicamento	medication
la aspirina	aspirin
la píldora/pastilla	pill, lozenge
el comprimido	tablet
la píldora/pastilla para la tos	cough sweet
el jarabe	syrup
la tirita	(sticking) plaster
la venda	bandage
la vacuna	vaccination
los antibióticos	antibiotics
las gotas	drops
algo para...	something for...
la pasta dentífrica	toothpaste
el algodón	cotton wool
el bronceador	suncream
el jabón	soap
la compresa	sanitary towel
el tampón	tampon
la píldora anticonceptiva	contraceptive pill
el preservativo	condom

Y otras expresiones...

ser ciego — no ver nada

ser mudo — no poder hablar

ser sordo — no oír nada

estoy mal — estoy enfermo

estar pálido — tener la cara muy blanca

el enfermo/la enferma — la persona que está enferma

está embarazada — va a tener un hijo

la clínica — el lugar donde el médico pasa la consulta

la silla de ruedas — una silla para una persona que no puede andar

JUEGO DE PALABRAS

Monster game (for one or more players)

You need two dice, a piece of paper and a pencil for this game. Throw the dice and look at the pictures below. Name the part of the body and draw it on your paper. Keep on throwing the dice until you have drawn a monster. See who can draw the funniest monster!

A: *Nueve. Entonces, es una pierna.*

B: *Once. Es una oreja.*

Score   Body part

Can you describe your monster?

Mi monstruo tiene dos cabezas, ocho brazos, tres ojos...

16

Weather and environment

el tiempo	weather
¿Qué tiempo hace?	What's the weather like?
hace buen/mal tiempo	the weather's good/bad
hace calor	it's warm, hot
hace frío	it's cold
hace sol	it's sunny
hace viento	it's windy
está lloviendo	it's raining
está nevando	it's snowing
está cubierto	it's overcast
está despejado	it's clear
está feo	it's horrible
está húmedo	it's damp
está nublado	it's cloudy
está seco	it's dry
está soleado	it's sunny
está templado	it's mild
está triste	it's gloomy
está variable	it's changeable
hay hielo	it's icy
hay neblina	it's misty
hay niebla	it's foggy
hay relámpagos y truenos	it's thundering and lightning

el boletín metereológico — weather forecast

el arco iris	rainbow
el calor	heat
el chubasco	downpour
el cielo	sky
un día caluroso	a hot day
el frío	cold
el granizo	hail
el hielo	ice
la llovizna	drizzle
la lluvia	rain
la niebla	fog
la nieve	snow
la nube	cloud
un rayo	a flash of lightning
la sombra	shade; shadow
el sol	sun
el viento	wind
el cambio	change
el clima	climate
la mejora	improvement
los pronósticos	prediction
la temperatura	temperature
la visibilidad	visibility

Y otras expresiones...

hay tormenta — hace mal tiempo con rayos y relámpagos

llueve a cántaros — llueve muy fuerte

la sequía — cuando hace calor durante mucho tiempo y no queda mucha agua

23 grados — 23°

5 grados bajo cero — –5°

en el campo   in the countryside

1 el árbol
2 la montaña
3 el río
4 el lago
5 el bosque
6 la flor
7 el campo

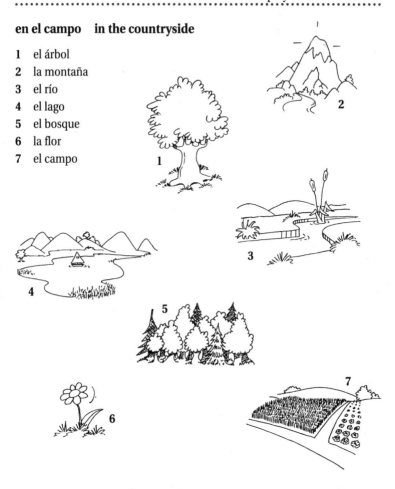

¡Punto práctico!

In a spare moment, it can be useful (and fun) to imagine a scene and try and think of as many related words as possible. You might imagine a country scene or a busy town scene or a classroom or a youth club... the list is endless! Look up a couple of words you're not sure of each time and you'll soon increase your vocabulary.

el arbusto	bush
el arroyo	stream
la cima	summit
la colina	hill
la hierba	grass
el lago	lake
el monte	hill
el paisaje	landscape
la planta	plant
el pueblo	village
el sendero	path
el valle	valley

a orillas del mar — **at the seaside**

las algas	seaweed
la arena	sand
el castillo de arena	sandcastle
la concha	shell
(en) la costa	(on) the coast
la gaviota	seagull
la isla	island
el mar	sea
la marea (alta/baja)	(high/low) tide
el muelle	jetty, prom
el parasol/la sombrilla	sunshade
la playa	beach
el puerto	port
la silla de playa	deck chair

el medio ambiente — **environment**

el agujero de ozono	hole in the ozone layer
la basura	rubbish
la contaminación	pollution
la destrucción de la selva	destruction of the rainforest

el efecto invernadero	greenhouse effect
la lluvia ácida	acid rain
el reciclaje	recycling
la reserva natural	nature reserve
los residuos nucleares	nuclear waste
la selva	jungle; rainforest
el grupo ecologista	environmental group
el/la ecologista	ecologist
agrícola	agricultural
pintoresco	picturesque
tranquilo	peaceful
protegido	protected
histórico	historical
comercial	commercial
contaminado	polluted
industrial	industrial
está amenazado por...	it's threatened by...

JUEGO DE PALABRAS

[A] Complete these phrases.

.... lloviendo = está lloviendo

a *.... niebla*

b *.... frío*

c *.... sol*

d *.... a cántaros*

e *.... tormenta*

[B] With a partner, start spelling a word from this section, using the Spanish alphabet, of course! How many letters do you have to say before your partner guesses your word?

17

At work

el puesto de trabajo   job

el   la

el	la	
abogado	abogada	lawyer
amo de casa	ama de casa	house husband/wife
bombero	bombera	fire fighter
camarero	camarera	waiter/waitress
cartero	cartera	postperson
cocinero	cocinera	chef
enfermero	enfermera	nurse
fotógrafo	fotógrafa	photographer
granjero	granjera	farmer
ingeniero	ingeniera	engineer
jardinero	jardinera	gardener
jubilado	jubilada	retired man/woman

mecánico	mecánica	mechanic
obrero	obrera	factory worker
peluquero	peluquera	hairdresser ✓
secretario	secretaria	secretary
tendero	tendera	shopkeeper
veterinario	veterinaria	vet ✓
dependiente	dependienta	shop assistant
jefe	jefa	boss
director	directora	manager/headteacher ✓
escritor	escritora	writer
profesor	profesora	teacher ✓
programador	programadora	programmer
actor	actriz	actor/actress
alcalde	alcaldesa	mayor/mayoress
hombre de negocios	mujer de negocios	business man/woman ✓

el/la

dentista	dentist
deportista	sportsman/woman
periodista	journalist
taxista	taxi-driver
albañil	builder
ayudante	assistant
cantante	singer
chófer	driver
contable	accountant
guardia/policía	police officer
representante	sales rep

cirujano	surgeon
médico	doctor
músico	musician
piloto	pilot

●●● Some people use *la cirujana, la médica* and *la pilota* for the feminine form now, so look to see how these words are used when you are reading!

el trabajo — work

trabajar de...	to be working as...
hacerse...	to become a...
ser profesor/abogado	to be a teacher/lawyer
trabajar por cuenta propia	to be self-employed
trabajo...	I work...
en un banco	in a bank
en una oficina	in an office
en una fábrica	in a factory
en un restaurante	in a restaurant
en una tienda	in a shop
en el colegio	at school
en casa	at home
para una empresa	for a company
al aire libre	outdoors
dentro de casa/de un edificio	indoors

el mundo comercial — the business world

la ambición	ambition
el/la aprendiz	apprentice
el currículum	C.V.
la empresa	business
la entrevista	interview
las perspectivas	prospects
la profesión	profession
la solicitud de trabajo	job application

el horario de trabajo	working hours
las horas extras	overtime
el trabajo por turnos	shift work
el trabajo fijo/temporal	permanent/temporary job
ganar un buen sueldo	to earn a good salary

Y otras expresiones...

el empleado/la empleada — alguien que trabaja para otra persona

estar en paro — no tener trabajo

hacer de canguro — cuidar de un niño cuando los padres no están

el sindicato — una organización que protege los derechos de los trabajadores

trabajar a media jornada — no trabajar la semana entera

jubilarse — terminar su vida profesional

JUEGO DE PALABRAS

[A] Label the job pictures below. Cross out the letters in the grid. Can you find two more jobs from the letters left over?

a   *actriz*

b   _ _ _ _ _ _

c   _ _ _ _ _   _ _   _ _ _ _ _ _ _

d   _ _ _ _ _ _ _

e   _ _ _ _ _ _

f   _ _ _ _ _ _

g   _ _ _ _ _ _

h   _ _ _ _ _ _ _ _

i   _ _ _ _ _ _ _

a̸	g	a	t	o	m	n	c	c	o	o	r	a	b	a	b̸ r i e j
h	e	r	e	c	t	z̸	s	a	d	ó	n	e	s	i	o i o r c o
d	r	f	e̸	d	a	x̸	r	d	ú	a	s	o	e	x̸	c a r r d g
i	e	i	m	o	j	r	a	m	e	u	m	e	r	e	o c t n a é

[B] Work in a small group. One of you mimes a job. Who can name the Spanish word (both female and male form) first? That person can then mime another job.

18

Communications

el ordenador   computer

1   el disquete
2   el ratón
3   el teclado
4   el disco duro
5   el joystick
6   el módem
7   el monitor
8   la pantalla
9   la impresora

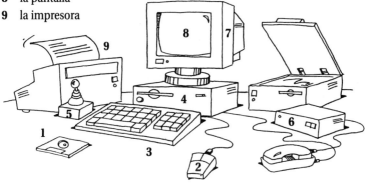

la base de datos	database
la copia impresa	hard copy
la hoja de cálculo	spreadsheet
la memoria	memory
la palabra de acceso	password
la red	network
la tecla	key
la ventana	window

el hardware	hardware
el software	software
el programa	program
el sistema	system
el procesamiento de textos	word processing
la carpeta	folder
el archivo	file
el documento	document
el menú	menu
el texto	text
el cursor	cursor
el fallo de programación	bug
el virus	virus
el CD-Rom	CD-Rom
el correo electrónico	e-mail
el fax	fax
Internet	internet
multimedia	multi-media
el ordenador portátil	laptop
el sitio web/el web	website
abandonar	to quit
almacenar	to load
arrastrar	to drag
convertir	to convert
copiar	to copy
cortar y pegar	to cut and paste
editar	to edit
eliminar	to delete
entrar al sistema	to log on
escribir a máquina	to type
escribir (en el teclado)	to key in
formatear un disquete	to format a disk
guardar	to save

hacer click en	to click on
hacer una copia de seguridad	to back-up
imprimir	to print out
instalar	to install
presionar una tecla	to press a key
salir del sistema	to log off
el sistema falló	the system crashed

¡Punto práctico!

Ask yourself these questions about the vocabulary you think you know:

• Can you PRONOUNCE the word?
• Can you SPELL it?
• Do you KNOW if it is a masculine or feminine word?
• Can you REMEMBER the word quickly when you're speaking in Spanish?

el juego de ordenador — computer game

el jugador/la jugadora	player
el juego de aventuras	adventure game
la simulación	simulation
el vídeojuego	video game
el nivel	level
el objetivo	aim
hábil	skilful
interactivo	interactive
me ganó	it beat me

el teléfono — phone

la cabina telefónica	phone box
la conferencia	long-distance call
la guía telefónica	phone book ✓
la llamada internacional	international call ✓
la llamada local	local call ✓

el prefijo	code number
la tarjeta del teléfono	phonecard
el teléfono móvil	mobile phone
el teléfono inalámbrico	cordless phone
el tono	dialling tone
colgar	to hang up
contestar	to answer
dejar un recado	to leave a message
descolgar el teléfono	to lift the receiver
llamar a cobro revertido	to reverse charges
llamar por teléfono	to phone
marcar un número	to dial a number
están comunicando	it's engaged
¡Diga!	Hello.
¿Puedo hablar con X?	Can I speak to X?
¿De parte?	Who's calling?
Soy yo, Vanessa.	It's me, Vanessa.
Volveré a llamar más tarde.	I'll ring back later.
Me equivoqué de número.	I've got the wrong number.

en Correos / at the post office

el buzón	post box
la carta	letter
el correo	mail
el paquete	parcel
la postal	postcard
el sello de cien pesetas	100 peseta stamp
el sobre	envelope
la ventanilla	counter
echar una carta	to post a letter
mandar, enviar	to send
repartir	to deliver

certificado	registered
por avión	by air
urgente	express
Estimado señor:	Dear Sir,
Estimada señora:	Dear Madam,
Estimados señores:	Dear Sirs, (to a company)
Querido José:/Querida Nilda:	Dear José,/Dear Nilda,
un abrazo	a hug
besos	kisses
le(s) saluda atentamente	yours faithfully,

JUEGO DE PALABRAS

[A] How would you start a letter to these people?

a *a friend called María*
b *friends called Juan and Sara*
c *a company asking for an interview*

[B] Look at this coded message. Can you work out what it means?

AOPLT AJ HLJZÑAO. JL PAJCL ZEJAÑL. ¿IA MQAZAO VTQZVÑ?
AJÑENQA.

A = E	B = F	C = G	D = H	E = I	F = J	G = K
H = L	I = M	J = N	K = Ñ	L = O	M = P	N = Q
Ñ = R	O = S	P = T	Q = U	R = V	S = X	T = Y
U = Z	V = A	X = B	Y = C	Z = D		

Try sending a coded answer!

19

Media

el ocio   entertainment

1 el televisor
2 el cómpact
3 el walkman
4 la cinta
5 el equipo de alta fidelidad
6 el disco
7 la radio
8 el vídeo
9 el radiocasete

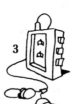

la televisión — television

la cadena	channel
la imagen	picture
el mando a distancia	remote control
la parabólica	satellite dish
el boletín metereológico	weather forecast
el dibujo animado	cartoon
el documental	documentary
el noticiario	news bulletin
las noticias	news
la película policíaca	police film
el programa/la emisión	programme
el programa concurso	game show
la serie	series
la telenovela	soap opera

la lectura — reading

el artículo	article
la biografía	biography
el cuento	short story
el cuento de hadas	fairy tale
la historia	story
la historieta	comic strip
el libro (de bolsillo)	(paperback) book
la novela	novel
el periódico	newspaper
el poema	poem
la revista	magazine
la portada	cover (of magazine)
la tapa	cover (of book)
el argumento	plot
el capítulo	chapter
la foto	photo
el personaje	character (in a book, film)

la heroína	heroine
el héroe	hero
el índice	index
el título	headline; title

el cine/el teatro	**cinema/theatre**
la butaca	seat
los efectos especiales	special effects
el escenario	stage
el espectáculo	show
el éxito de taquilla	blockbuster
el guardarropa	cloakroom
el intermedio	interval
la obra de teatro	play ✓
la película	film ✓
la platea	circle
la representación	performance (of play)
la sesión de tarde/noche	afternoon/late-night performance
los subtítulos	subtitles
el vestuario	dressing room
sacar una entrada	to get a ticket

la película de ciencia ficción	science fiction film
la película de risa	comedy film
la película de suspense	thriller
la película de terror	horror film
la película romántica	romantic film

¡Punto práctico!

When you write down vocabulary it's a good idea to make a note of anything 'strange' or 'different' about a word. For example, in this section you could make a special note of two feminine nouns ending in *o* (*la radio/la foto*) and two masculine nouns ending in *a* (*el programa/el poema*).

Y otras expresiones...

el circo — un espectáculo con acróbatas y animales

la estrella — un actor famoso o una actriz famosa

el/la protagonista — el personaje principal

la publicidad	**advertising**
el anuncio	advert
el anuncio por palabras	classified ad
el cartel	poster
el slogan	slogan

JUEGO DE PALABRAS

Can you work out these anagrams?

RELATELS = *estrella*

a OHÉER

b SOBÍTLUTUS

c TRALCE

d VOLENELETA

e BORIL

f GANIME

Can you make up other anagrams for a partner to solve?

20

Current affairs

> **¡Punto práctico!**
> One of the best ways of increasing your vocabulary is to read lots –
> especially Spanish newspapers and magazines! Start by looking at
> the headlines and adverts or the stories which you have already
> heard about in English.

las noticias	**the news**
la catástrofe	disaster
la enfermedad	disease
la guerra	war
el hambre (f)	hunger
la inundación	flooding
el incendio	fire
el refugiado/la refugiada	refugee
el SIDA	AIDS
el terremoto	earthquake
el terrorismo	terrorism
el/la terrorista	terrorist
el atentado	terrorist attack, bombing
el secuestro	kidnapping, hijacking
el desempleo, el paro	unemployment
la política	politics
las elecciones	elections
celebrarse	to take place
el gobierno	government
la huelga	strike
la manifestación (por la paz)	(peace) demonstration

la población	population
el/la presidente	President ✓
el presidente del gobierno	Prime Minister (in Spain) ✓
el primer ministro/la primera ministra	Prime Minister
la violencia	violence
el crimen	crime (in general)
el asesinato	murder
el asesino/la asesina	murderer
el atraco	mugging
las drogas	drugs
el racismo	racism
el robo	robbery, theft
la víctima	victim
la violación	rape

JUEGO DE PALABRAS

Look at the following headlines. What are the stories about?

a *Tres convoyes humanitarios llegan a la zona afectada por el terremoto.*

b *Un grupo armado siembra el terror en la capital.*

c *Muere la famosa pianista rusa.*

d *Gran partido en el Bernabéu.*

e *Ha empezado la huelga general.*

21

Adjectives

> **¡Punto práctico!**
> There are many different ways to learn adjectives: you could try
> learning opposites together (*simpático/antipático*), or try learning
> them in a phrase together with the word they describe (*una película
> en blanco y negro*).

palabras positivas	positive words
agradable	pleasant
cómodo	comfortable
divertido	amusing
emocionante	exciting
estupendo	fantastic
excelente	excellent
fabuloso	marvellous
fácil	easy
famoso	famous
fuerte	strong
gracioso	witty
importante	important
interesante	interesting
maravilloso	marvellous
mejor	better
moderno	modern
normal	normal
perfecto	perfect
popular	popular
tranquilo	calm
vivaz	lively

palabras negativas

ser aburrido	to be boring
estar aburrido	to be bored
agotador	exhausting
anticuado	old-fashioned
asqueroso	disgusting
brutal/cruel	brutal
cansa mucho	it's very tiring
complicado	complicated
débil	weak
deprimente	depressing
desagradable	unpleasant
difícil	difficult
duro	hard; tough
extraño	strange
horrible	horrible
imposible	impossible
incómodo	uncomfortable
molesto	irritating
peligroso	dangerous
peor	worse
pobre	poor
raro	strange
ruidoso	noisy

el color

amarillo	yellow
azul	blue
blanco	white
color naranja	orange
dorado	gold
gris	grey
marrón	brown
morado	purple

negro	black
rojo	red
rosa	pink
verde	green
violeta	violet
claro	light
oscuro	dark
El amarillo es mi color preferido.	Yellow is my favourite colour.
Me encanta el morado.	I love purple.

las dimensiones / sizes

alto	tall; high
ancho	wide
bajo	low; short
corto	short
delgado	slim
enorme	huge
estrecho	narrow
grande	big
largo	long
lento	slow
ligero	light
pequeño	small
pesado	heavy
poco profundo	shallow
profundo	deep
rápido	fast

otras palabras útiles / other useful words ✓

entonces	well, then; so
pues	well, then
vale	OK
de acuerdo	all right
está bien	that's fine

eso es	that's it
digo	I mean
o sea	in other words
a propósito	by the way
de todas maneras	anyway
¿verdad?	isn't that right?
apenas	hardly
desde luego	of course
después (que)	after
entonces	so, therefore
naturalmente	naturally
por fin	at last
primero	first of all
probablemente	probably
que yo sepa	as far as I know
quizás	perhaps
seguramente	certainly
sin embargo	however
sobre todo	above all
tal vez	perhaps
algunos/algunas	some
bastante	enough; quite
casi	almost
completamente	completely
muy	very
otra vez	again
otro	another
otros	other
parecido	similar
sólo/solamente	only
sumamente	extremely
también	also, as well
todo	all

a causa de	because of
además de	as well as
de esta manera	in this way
en general	in general
excepto	except
incluso	even
mientras	while
pero	but
por eso	that's why
por lo tanto	therefore
porque	because
según	according to
todavía	still
ya que	since, because
ni ... ni ...	neither ... nor ...
o ... o ...	either ... or ...
tan ... como ...	as ... as ...

JUEGO DE PALABRAS

[A] Match the opposites. One opposite is missing. What is it?

fácil	*mejor*
moderno	*desagradable*
tranquilo	*interesante*
agradable	*anticuado*
aburrido	*difícil*
peor	*horrible*
fabuloso	

[B] Think of something or somebody. How many words can you list to describe what you are thinking of?

moderno, maravilloso,...

22

Verbs

●●● When you use a verb, you need to know the pattern it follows. Some verbs, especially common ones, have irregular patterns in different tenses. Therefore, it is important to check in your course book or at the back of a good dictionary to see which pattern the verb follows.

important verbs

beber	to drink
comer	to eat
comprar	to buy
dar	to give
decir	to say, tell
encontrar	to find
escribir	to write
escuchar	to listen to
estar	to be
hablar	to speak
hacer	to do, make
hacer una pregunta	to ask a question
ir	to go
jugar	to play
leer	to read
llegar	to arrive
llevar	to carry; wear
mirar	to watch, look at
preguntar	to ask
quedarse	to remain
querer	to want; love
saber (algo)	to know (something)

ser	to be
tener	to have
tomar	to take
trabajar	to work
venir	to come

verbs of action

abrir	to open
alquilar	to hire, rent
ayudar	to help
bailar	to dance
bajar	to go down
buscar	to look for
caer	to fall
coger	to catch
comprobar	to check
conseguir	to get, obtain
construir	to build
contar (una historia)	to tell (a story)
correr	to run
defender	to defend
dejar	to leave, let
dormir	to sleep
empujar	to push
encender (la luz, el televisor)	to switch on (the light, the TV)
entrar (en)	to enter
firmar	to sign
fumar	to smoke
grabar	to record
lanzar	to throw
meter	to put
molestar	to disturb
ofrecer	to offer
pasar por	to pass by

pesar	to weigh
protestar	to protest
quemar	to burn
recibir	to receive
robar	to steal
romper	to break
subir	to go up
tirar	to pull
traer	to bring
usar	to use
vigilar	to supervize, watch
vivir	to live
volar	to fly
volver	to return

¡Punto práctico!

Don't be daunted by the number of verbs to learn! Try and learn them in small groups – just a few at a time. You could make a pairs game to help you. Write the Spanish word on one piece of card and the English meaning on another. Now, set yourself a challenge against the clock: how quickly can you match all the pairs? As you learn the verbs, so you can add more cards to your game. Why not play with a partner and see who can get the most pairs?

verbs of feeling and thinking

creer	to think, believe
decidir	to decide
desear	to want
estar equivocado	to be wrong
echar de menos a alguien	to miss someone
esperar	to hope; expect; wait for
llorar	to cry
odiar	to hate
pensar	to think

preferir	to prefer
soñar (con alguien)	to dream (of someone)
sonreír	to smile
sufrir	to suffer
tener razón	to be right

other verbs

acabar	to finish
acabar de hacer algo	to have just done something
aceptar	to accept
agradecer	to thank
cerrar	to close
conocer a alguien	to know/meet someone
conseguir hacer	to manage to do
contestar	to answer
deber	to have to; to owe
descansar	to rest
descubrir	to discover, find out
durar	to last
empezar	to begin
escoger	to choose
gritar	to shout
intentar (hacer)	to try (to do)
llamar	to call
ocurrir	to happen
oír	to hear
olvidar	to forget
parecer	to seem
reconocer	to recognize
repetir	to repeat
responder	to reply
saltar	to jump
seguir	to continue; follow
sugerir	to suggest

tener éxito — to succeed

traducir — to translate

reflexive verbs

aburrirse — to get bored

acercarse a — to approach

acordarse de — to remember

callarse — to shut up

comportarse — to behave

darse prisa — to hurry

fijarse (en algo) — to notice (something)

interesarse por — to be interested in

llamarse — to be called

mejorarse — to improve

ocuparse de — to be busy with

pararse — to stop

parecerse a — to resemble

perderse — to lose your way

quejarse (de) — to complain (about)

reírse (de) — to laugh (at)

sentarse — to sit down

JUEGO DE PALABRAS

[A] Which verbs are related to these nouns?

la vuelta/volver = the return/to return

a *la compra*

b *la ida*

c *el juego*

d *la bebida*

e *la comida*

f *el uso*

g *la defensa*

h *la apertura*

i *el baile*

[B] Think of a topic such as:

– *your hobbies*

– *shopping*

– *at school*

– *in a hotel*

– *around the home*

Make a list of all the verbs which would be useful in that situation. How many verbs can you think of for each one? Compare your list with a partner's.

Latin American vocabulary

Latin America	Spain	
el carro	el coche	car
el camión (Mexico)	el autobús	bus
la central camionera (Mexico)	la estación de autobuses	bus station
la guagua (Canaries, Cuba)	el autobús	bus
agarrar	coger	to catch
el boleto	el billete	ticket
la aeromoza	la azafata	air hostess
tomar	beber	to drink
el café negro	el café solo	black coffee
la papa (also Canaries)	la patata	potato
el durazno	el melocotón	peach
el maní (also Canaries)	el cacahuete	peanut
la toronja	el pomelo	grapefruit
la plata	el dinero	money
chico	pequeño	small
chiquitito	muy pequeño	tiny
la computadora	el ordenador	computer

●●● The *vosotros* form is not used in the Canaries or Latin America. Instead,
they use *ustedes*. In Argentina, *vos* is used instead of *tú*.

JUEGO DE PALABRAS

Latinoamérica is used for countries in Central and South America. Look in an atlas or an encyclopedia and see how many of those countries you can find. Which of them are Spanish-speaking countries?

Answers

∙∙

1 p.10
a) Me he dejado el cuaderno en casa. b) ¿Qué significa «papelera» en inglés?
c) Siento llegar tarde. d) Por favor, hable más despacio. e) ¿Puedo ir al baño?
f) ¿Puedo abrir la ventana?

2 p.17
[A] a) siete, b) viernes, c) julio, d) junio, e) once
[C] a) cuarenta y dos, b) sesenta y cinco, c) seis, d) ciento veintiocho,
 e) setenta y cuatro, f) cuatro

3 p.22
[A] abuelo (grandfather), ahijada (goddaughter), flaco (skinny), guapo
 (good-looking), madre (mother), matrimonio (married couple), nieto
 (grandson), novia (girlfriend), pequeño (small), sobrino (nephew),
 tíos (aunts and uncles)

 p.23
[B] nombre (first name), apellidos (surnames), sexo: varón/hembra (sex:
 male/female), estado civil (marital status), domicilio (home address),
 código postal (postcode), teléfono: incluido prefijo de provincia (phone
 number: including area code), fecha y lugar de nacimiento (date and
 place of birth), edad (age), nacionalidad (nationality), firma (signature)

4 p.26
a4 loro, b5 león, c2 rana, d1 rata, e3 pato

5 p.32
[A] 1c, 2c, 3a, 4c

7 p.42
se levanta, se limpia los dientes, se afeita, se viste, desayuna – se lava

8 p.46

el estuche (pencil case), el lápiz (pencil), la regla (ruler), el boli (pen), el disquete (floppy disk), el despacho (office), el patio (playground), el cuaderno (exercise book), la goma (rubber), el curso (year)

9 p.53

[A] plátano

10 p.58

[A] a) la panadería, b) la peluquería, c) la librería, d) la pescadería,
e) la carnicería

12 p.69

a) Don't lean out of the window (train). b) No entry (street). c) Give way (junction). d) No smoking (train). e) Fasten your seatbelt (plane).

13 p.75

[A] a) Italia, b) Inglaterra, c) Escocia, d) Francia, e) Alemania, f) Rusia,
g) Grecia, h) Estados Unidos

[B] a) No, está en el sur. b) en el noreste, c) Madrid, d) a la costa
mediterránea, a Baleares, a Canarias, e) el Ebro, f) el Pirineo

14 p.78

[A] a) I've booked a double room in the name of Rivers. b) I'd like to stay three days. c) Is breakfast included? d) Can you hire a bicycle? e) My room's very dirty. f) Can I pay by credit card?

16 p.89

[A] a) hay niebla, b) hace frío, c) hace sol, d) llueve a cántaros,
e) hay tormenta

17 p.94

[A] b) abogado, c) mujer de negocios, d) dentista, e) chófer, f) músico,
g) médico, h) jardinero, i) camarera – cartero, obrera

18 p.99

[A] a) Querida María: b) Queridos Juan y Sara: c) Estimados señores:

[B] Estoy en Londres. No tengo dinero. ¿Me puedes ayudar? Enrique.

19 p.103

a) héroe, b) subtítulos, c) cartel, d) telenovela, e) libro, f) imagen

20 p.105

a) Three humanitarian convoys arrive at earthquake zone. b) Armed group spreads terror in capital. c) Famous Russian pianist dies. d) Big (football) match in the Bernabéu (Real Madrid's ground). e) General Strike begins.

21 p.110

[A] fácil/difícil, moderno/anticuado, agradable/desagradable, aburrido/interesante, peor/mejor, fabuloso/horrible – tranquilo (ruidoso)

22 p.116

[A] a) la compra/comprar (purchase/to buy), b) la ida/ir (going/go), c) el juego/jugar (game/to play), d) la bebida/beber (drink/to drink), e) la comida/comer (food/to eat), f) el uso/usar (use/to use), g) la defensa/defender (defence/to defend), h) la apertura/abrir (opening/to open), i) el baile/bailar (dance/to dance)

p.118

The Spanish names for the Spanish-speaking countries are: *Argentina, Bolivia, Chile, Colombia, Costa Rica, Cuba, Ecuador, El Salvador, Guatemala, Honduras, México, Nicaragua, Panamá, Paraguay, Perú, Puerto Rico, la República Dominicana, Uruguay* and *Venezuela*. The largest non-Spanish speaking country is Brazil (*Brasil* in Spanish), where Portuguese is spoken.